BEI GRIN MACHT SICH IHR WISSEN BEZAHLT

- Wir veröffentlichen Ihre Hausarbeit, Bachelor- und Masterarbeit

- Ihr eigenes eBook und Buch - weltweit in allen wichtigen Shops

- Verdienen Sie an jedem Verkauf

Jetzt bei www.GRIN.com hochladen und kostenlos publizieren

Sonja Rehrl

Aus der Reihe: e-fellows.net stipendiaten-wissen

e-fellows.net (Hrsg.)

Band 1016

Kleidung und Mode im Mittelalter

GRIN Verlag

Bibliografische Information der Deutschen Nationalbibliothek:

Die Deutsche Bibliothek verzeichnet diese Publikation in der Deutschen National-
bibliografie; detaillierte bibliografische Daten sind im Internet über http://dnb.d-
nb.de/ abrufbar.

Impressum:

Copyright © 2013 GRIN Verlag GmbH
Druck und Bindung: Books on Demand GmbH, Norderstedt Germany
ISBN: 978-3-656-76976-7

Dieses Buch bei GRIN:

http://www.grin.com/de/e-book/282030/kleidung-und-mode-im-mittelalter

GRIN - Your knowledge has value

Der GRIN Verlag publiziert seit 1998 wissenschaftliche Arbeiten von Studenten, Hochschullehrern und anderen Akademikern als eBook und gedrucktes Buch. Die Verlagswebsite www.grin.com ist die ideale Plattform zur Veröffentlichung von Hausarbeiten, Abschlussarbeiten, wissenschaftlichen Aufsätzen, Dissertationen und Fachbüchern.

Besuchen Sie uns im Internet:

http://www.grin.com/

http://www.facebook.com/grincom

http://www.twitter.com/grin_com

FEODOR-LYNEN-GYMNASIUM

Kleidung und Mode im Mittelalter

Seminararbeit im Seminar „Literatur, Kultur und Sprache des deutschen Mittelalters

Sonja Rehrl

12.11.2013

Inhaltsverzeichnis

1 Heutige Darstellung mittelalterlicher Mode

Ein König mit goldener Krone und rotem Umhang, der edle Ritter mitsamt Rüstung und Pferd und Frauen in langen, prächtigen Gewändern – diese Bilder wecken Assoziationen mit dem Begriff Mittelalter, wie er uns beispielsweise in Büchern und Filmen vermittelt wird. Dennoch lassen sich solche Darstellungen oftmals als Klischees entlarven: Sie verallgemeinern und vereinfachen die Wirklichkeit stark. Trotzdem ist ihnen eines gemeinsam: Die Vorstellung vom Mittelalter wird über die Kleidung und das Aussehen der Menschen vermittelt: Der König trägt eine Krone, der Ritter eine Rüstung. Wie aber sah die Kleidung von Rittern, Königen und der durchschnittlichen mittelalterlichen Menschen tatsächlich aus? Was drückte sie aus? Welche lesbaren Zeichen steckten in ihr, welche Hinweise zum Beispiel auf Religion, Herkunft, gesellschaftlichen Stand, Vermögenslage und Ehestand gaben sie? Welche praktischen Aufgaben erfüllte sie? Das wird im Folgenden analysiert und erörtert. Dennoch muss das Thema auf die wichtigsten Oberbereiche eingegrenzt werden, die anhand einiger Beispielen erklärt und belegt werden. Dies ist mit der Abhängigkeit der mittelalterlichen Kleidung und Mode von politischen, sozialen, religiösen, wirtschaftlichen, klimatischen und geografischen Parametern zu begründen, durch die eine schier unendlich große Variationsbreite an Kleidungen und Moden entsteht, die den Rahmen einer Seminararbeit sprengen würden. Weiterhin ist, um die mittelalterliche Kleidung und ihre Funktionen zu verstehen, zunächst eine Betrachtung der Textilien und ihrer Bearbeitung erforderlich.

2 Kleidung und Mode im Mittelalter

2.1 Textilien und ihre Bearbeitung

Die grundlegenden Ausgangsmaterialien mittelalterlicher Textilien lassen sich zunächst in tierische und pflanzliche Rohstoffe unterteilen. Als pflanzliche Rohstoffe sind die Fasern des Flachses, der Nessel, des Hanfes und der Baumwolle zu nennen. Als tierische Rohstoffe werden die Haare verschiedener Nutztiere sowie Leder, Felle und Pelze aufgeführt, welche die älteste Form der Textilien darstellen.[1] Dennoch sind für die mittelalterliche Textilherstellung vor allem Schafwolle und Flachs relevant. Diese werden zunächst in verschiedenen Arbeitsschritten für die Textilbindung vorbearbeitet. Diese wären bei der Wolle das Scheren, Streichen Kämmen und Spannen, beim Flachs hingegen das Rösten, Waschen und Brechen.[2] Im nächsten Produktionsschritt werden die fertigen Fasern durch Textilbindung zu Stoffen weiterverarbeitet. Als erste Möglichkeit ist hierfür das Filzen zu nennen. Es beruht auf der Verdichtung der feuchten

---

[1] vgl. Gabrielle Praschl-Bichler: Affenhaube, Schellentracht und Wendeschuh; S. 182f

[2] vgl. Wiebke Koch-Mertens: Der Mensch und seine Kleider. Teil 1: Die Kulturgeschichte der Mode bis 1900; S. 129

Wolle durch Stampfen. Das Produkt ist ein grober Filzstoff, der für Schuhe, Decken und Mäntel verwendet wird, sowie für Hüte, Mützen und Kappen. Filzstoff wurde im Mittelalter hauptsächlich wegen seiner wasserundurchlässigen und wärmenden Eigenschaften geschätzt.

Eine andere Möglichkeit der Textilbindung ist das Spinnen. Hierfür werden die Fasern zunächst ausgezogen und gedreht, weiterhin werden Woll- sowie Hanf- und Flachsfasern zugeführt. Gesponnen wird im frühen Mittelalter mit einer Handspindel, ab Mitte des 13. Jahrhunderts entstehen Handspinnräder, mit denen eine Produktion mit doppelter Effektivität möglich ist. Das Produkt ist ein Garn, das jetzt verwoben werden kann. Beim Weben entsteht der Stoff durch das Überkreuzen senkrechter und waagrechter Fäden. Besondere Musterungen werden durch Schlingungen und das Auslassen einzelner oder mehrerer Fadenreihen hervorgerufen. Der fertige Leinen- oder Wollstoff wird danach gewalkt und gemangelt. Da rohes Leinen noch eine grau-gelbe Färbung besitzt, wird es im nächsten Schritt geblichen, um seine typisch creme-weiße Färbung zu erhalten. Durch Aufrauen mit der Bürste und mit Scheren wird das Tuch weiter veredelt. Weiterhin stehen das Färben und Beizen an. Das Beizen mit einem Beizmittel aus Aschelauge oder Alaun ist insofern notwendig, als es zur besseren Haltbarkeit der Farbe beiträgt. [3] Im nächsten Schritt wird das Tuch gefärbt. Je nach späterem Verwendungszweck werden dafür Farben verschiedener Qualität ausgewählt. Als billige Farben gelten dabei solche, die sich leicht aus regionalen Pflanzen herstellen lassen. Dazu zählen die Farben blau, gelb und grün. Blau wird hauptsächlich aus Färberwaid und in geringen Mengen auch aus Blaubeeren gewonnen, die Farbe Gelb wird aus den Pflanzen Wau, Wegdorn und Rainfarn hergestellt. Zur Herstellung grüner Farbe werden verschiedene Pflanzen abgekocht oder ausgepresst, wie zum Beispiel die Gartenmelde oder das Geißblatt.

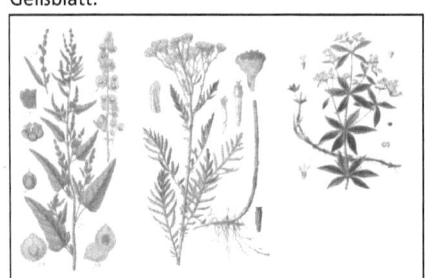

Abbildung 1:
Die Pflanzen Gartenmelde,
Rainfarn und Krapp

Als besonders bedeutsam ist die Farbe Rot zu nennen, da sie ausschließlich den oberen Schichten vorbehalten ist. Sie lässt sich einerseits aus regionalen Pflanzen herstellen, wie beispielsweise dem Krapp, doch genauso auch aus Kermesläusen. Dies war die teurere und deshalb umso begehrtere Variante, da zur Produktion

---

[3] vgl. Praschl-Bichler: siehe oben; S.183-185

von 5kg Karminrot 50kg Kermesläuse benötigt waren. Dennoch zeigt kein Beispiel besser die Verschwendungslust der mittelalterlichen Fürstenhöfe als der Farbton Purpur: aus 12000 Purpurschnecken wurde 1,5 kg Purpur hergestellt. [4] Wiebke Koch-Mertens zitiert in ihrem Werk als Beleg für einige dieser Farbtöne die „Capitulare de Villis" Karls des Großen: „Für unsere Frauenhäuser wird vorgeschrieben[...] Färberwaid, Würmchenrot (Kermes), Färberröte (Krapp) [...] und das übrige dort nötige Gerät".[5]

Für die Produktion der mittelalterlichen Kleidung sind, wie schon im Zitat erwähnt, im wesentlichen Frauen zuständig. Sie produzieren zunächst nur für den Eigenbedarf und in grundherrschaftlichen Werkstätten, doch im Zuge der Etablierung des Verlagssystems im Spätmittelalter auch als Zuverdienst.[6] Weiterhin zählen Tuche auch als Abgabe an den Gutsherren. Doch auch an den Adelshöfen werden Textilien produziert: adlige Frauen spinnen, weben und sticken zum Zeitvertreib, da es sie als „ehrbare Frau" auszeichnet. [7]

Weiterhin finden auch Leder, Pelze und Felle ihre Verwendung in der Textilproduktion. Die breiten Bevölkerungskreise der ländlichen Bewohner kleideten sich in Leder von alltäglichen Nutztieren, wie Schwein, Schaf, Ziege, Rind und Kalb, denn Wildleder ist als Privileg der Oberschicht[8] vorbehalten. Das Leder wird folgendermaßen bearbeitet: Zunächst werden Haaren und Borsten entfernt, danach erfolgt die Gerbung. Anschließend werden teurere Leder durch Spalten und Färben veredelt. Erst jetzt werden aus dem nun verarbeitungs-fähigen Leder Produkte wie Riemen, Gürtel, Beutel und Taschen, sowie Handschuhe und Schuhe hergestellt.

Weiterhin verwendet die Oberschicht, vom Landadel bis hin zum Fürsten, gerne Felle und Pelze, um ihre Kleidung zu verzieren. Dies lässt sich am Ritter Siegfried aus dem „Nibelungenlied" belegen. Er wird folgendermaßen beschrieben: „ [...] er [trug] einen Hut aus Zobelpelz, der sehr kostbar war. [...]"[9]

Die Reichen und Mächtigen kleideten sich in Pelze von Biber, Luchs, und, um den weitaus kostbareren Hermelinpelz nachzumachen, Schneewiesel, außerdem verwendeten sie Fischotter-, Marder- und Eichhörnchenpelz. Die Pelze von Hermelin und Zobel hingegen waren ausschließlich den Fürsten vorbehalten. Ihre Felle werden vom deutlich angeseheneren Kürschner zugerichtet, haltbar gemacht, veredelt und anschließend vom Pelzer weiterverkauft. Mit den Pelzen und Fellen wurden dann Mäntel, Krägen und Hüte besetzt. Im Gegensatz dazu verwendet die ländliche Bevölkerung weitaus einfachere Methoden, um ihre

---

[4] vgl. Praschl-Bichler: siehe oben S.185
[5] Koch-Mertens: siehe oben; S. 129
[6] vgl. Praschl-Bichler: siehe oben, S.184
[7] vgl. Koch-Mertens: siehe oben, S. 129
[8] „Oberschicht" wird bei Praschl-Bichler als soziologischer Begriff verwendet und beeht sich auf die Verteilung von Reichtum und Macht.
[9] Koch-Mertens: siehe oben; S. 147

Pelze zu bearbeiten, die sie in Heimarbeit für den Eigenbedarf herstellen. Sie verwenden die Felle von Schafen, Bären, Wölfen und Iltissen, um ihre Mäntel zum Schutz vor Kälte zu füttern.[10] Zuletzt ist noch die Seide als wichtiges Textil im Mittelalter zu nennen. Sie wurde in den Seidenspinnereien des byzantinischen Reichs, sowie in Südspanien und später auch Sizilien hergestellt und konnte auf italienischen Märkten erworben werden. Sie spielte insofern eine wichtige Rolle, als sie bei geistlichen und weltlichen Würdenträgern sehr beliebt war.[11] Dies zeigt beispielsweise Abt Anglibert, der für St. Riquier „[...] 24 seidene Dalmatiken, [...], 15 [Messgewänder] aus Purpurseide und 5 aus leichten Seidengewebe" erwarb.[12]

2.2 Kleidung im Mittelalter

Die mittelalterliche Kleidung ist eine „Schichtenkleidung", das heißt, dass sie in unterschiedliche, übereinander getragene Schichten gegliedert ist, die je nach gesellschaftlichem Stand, Wetterlage und Geschlecht unterschiedlich ausgeführt werden. Im Folgenden werden sie einzeln betrachtet.

2.2.1 Unterkleidung

2.2.1.1 Hemd und Bruche bei Männern

Die Bruche und das Hemd sind bei Männern als grundlegende Schicht der Kleidung zu bezeichnen. Dies liegt darin begründet, dass beide Kleidungsstücke während der gesamten Zeitspanne des Mittelalters in allen gesellschaftlichen Schichten verbreitet waren. Weiterhin stellen sie die wärmende Unterschicht der Kleidung dar. Die Bruche (mittelhochdeutsch: bruchen), eine mittelalterliche Art Unterhose, ist ein rechteckiges und in der Mitte der Unterseite verlängertes Stück Stoff, das um Hüfte und Oberschenkel gebunden wird. Dabei wird die Verlängerung zwischen den Beinen durchgeführt und vorne in den Bund gesteckt. Aufgrund der im frühen Mittelalter lose drapierten und weit fallenden Kleidung wird auch die Bruche zunächst sehr weit und locker getragen. Doch aufgrund des mit der Weite einhergehenden hohen Stoffverbrauchs entwickelt sich im Laufe des Mittelalters eine Seitennaht, die den Stoff für Knotungen einspart. Außerdem wird die Bruche mit den in Mode kommenden Beinlingen um einen Gürtel erweitert, an dem diese befestigt sind. Schließlich wird mit der körperbetonten Mode des 12. und 13. Jahrhunderts auch die Bruche enger. Als Material werden ausschließlich strapazierfähige Tuche, wie zum Beispiel Leinen-, Hanf- und Nesselstoff verwendet. Dies liegt darin begründet, dass teurere Tuche aufgrund der langen Oberkleidung nicht zu sehen sind und besonders bearbeitete Tuche, wie beispielsweise golddurchwirkte Stoffe, scheuern

---

[10] vgl. Praschl-Bichler: siehe oben; S.188f
[11] vgl. Margaret Scott : „Kleidung für die Reichen und Berühmten"; S. 14
[12] Koch-Mertens: siehe oben; S. 130

würden.[13] Das zweite Kleidungsstück der Unterkleidung stellt das Hemd (mittelhochdeutsch: lînîn / lînwât) dar. Es ist oberschenkel- bis knielang geschnitten und besitzt sowohl Ärmel als auch einen rechteckigen Ausschnitt. Bei der ländlichen Bevölkerung war es stets gerade geschnitten und an der Seite geschlitzt, um die bei der Feldarbeit nötige Bewegungsfreiheit zu gewähren.

Abbildung 2
Zwei Bauern bearbeiten ein Feld
Sie tragen Hemden, weiterhin ist
beim Bauern im weißen Hemd die
Bruche durch den Seitenschlitz zu
sehen.

Im Gegensatz dazu wird das Hemd in der Oberschicht in einer anderen Ausführung getragen: Es wird an der Seite eng geschnürt und an Hüfte und Achseln mit keilförmigen Stoffeinsätzen, sogenannten Geren erweitert, sowie am Ausschnitt mit Stickereien und Borten verziert. Im Laufe der Zeit entwickelt sich das Hemd weiter, bis es schließlich im 12. und 13. Jahrhundert knöchellang mit langen Armen ist. Dies geht einher mit der Kürzung der Oberkleidung bis zum 14. Jahrhundert, was dazu führt, dass das Hemd unter dem kurzen Saum der Oberkleidung sichtbar wird und damit mehr in den Vordergrund tritt. Der untere Saum des Hemdes wird somit zu einer neuen Gestaltungsfläche. Außerdem zeichnet sich eine Weiterentwicklung der Ärmel mit der Einführung der Schlitztracht im 15. Jahrhundert ab: Die Ärmel werden extrem geweitet und zusätzlich gefaltet, gepufft und gebauscht, um unter der stark geschlitzten Oberkleidung sichtbar zu sein.[14]

2.2.1.2 Unterhemd und Mieder bei Frauen

Die Unterkleidung bei Frauen besteht im Wesentlichen aus dem Hemd (mittelhochdeutsch: hemde, chaise oder pfait) und dem Mieder (mittelhochdeutsch: mueder). Auch bei Frauen ist das Hemd ein grundsätzlicher Kleidungsbestandteil. Da es sich hierbei um die wärmende Unterkleidung handelt, wurde es in der Gesellschaft schichtenübergreifend in verschiedenen Ausführungen getragen. Im Zusammenhang mit der für die ländliche

---

[13] vgl. Praschl-Bichler: siehe oben; S.35-38
[14] vgl. Praschl-Bichler: siehe oben"; S.44f

Bevölkerung relevanten Funktionalität des Hemdes ist es im frühen Mittelalter sehr einfach geschnitten, was bedeutet, dass es lediglich aus einem Stück Stoff hergestellt wird, das in der Mitte zusammengelegt und an den Seitenrändern genäht wird. Durch dieses Verfahren möchte sich der Mensch im Mittelalter den Aufwand für das später ohnehin nicht sichtbare Hemd sparen, weiterhin wird durch den so entstandenen geraden Schnitt die, zur Feldarbeit nötige, Beweglichkeit begünstigt. Weiterhin ist das Hemd knöchellang und besitzt lange Ärmel sowie einen tiefen Ausschnitt, der dem Hineinschlüpfen dient und mit einer Nadel verschlossen wird. Bei den ländlichen Bewohnern wird es aus selbst produziertem Leinen- und Wollstoff hergestellt. Trotzdem wird das Hemd auch in der Oberschicht getragen, allerdings mit dem Zweck, die teurere Oberkleidung zu schützen und gleichzeitig neue Gestaltungsflächen zu schaffen. Dies war insofern möglich, da Halsausschnitt und Ärmel in diesem Fall unter der Oberkleidung sichtbar waren und zur Selbstdarstellung plissiert, gefältelt und bestickt wurden. Dabei gilt: je angesehener die Trägerin des Hemdes, desto teurer sind die Stoffe und die Ausstattung.[15] Im Vergleich zum Tragen eines Hemdes bleibt das Tragen eines Mieders ausschließlich der Oberschicht vorbehalten, da es den für die ländliche Bevölkerung relevanten funktionalen Charakter nicht erfüllt. Dies ist damit zu begründen, dass es ein rein ästhetisches Kleidungsstück ist, das die Frau optisch schöner machen soll. Es entsteht ab dem 14. Jahrhundert im Zuge der immer enger werdenden Mode und des damit verbundenen Ideals des schlanken und wohlgeformten Menschen. Das Mieder besteht aus einem engen Hemd, das sich in zwei Teile gliedern lässt: Der untere Teil formt den Körper mit Schnürungen und Stoffeinsätzen und lässt ihn so schlanker erscheinen, der obere Teil hebt die Brüste mit verstärkten Stoffteilen und Schnürungen hervor und lässt sie so dem im Mittelalter geltenden Ideal der „Apfelbrüste" entsprechen. Weiterhin verstärkt ein Gürtel unter der Brust den optischen Effekt.

Abbildung 3
Durch den Ausschnitt der Heiligen ist ein Hemd zu sehen. Weiterhin liegt aufgrund der künstlich geformten Brüste die Vermutung nahe, dass sie ein Mieder trägt.

---

[15] vgl. Praschl-Bichler: siehe oben; S. 38-41

Genauso wird mit der körperbetonten Mode des 14. Jahrhunderts auch der Ausschnitt der Oberkleidung und damit auch das Dekoltee größer, was dazu führt, dass durch den tiefen Ausschnitt das Hemd zu sehen ist. Dieses wurde, wie Gabrielle Praschl-Bichler in ihrem Werk „Affenhaube, Schellentracht und Wendeschuh" beschreibt, folgendermaßen verziert: „ Es wurde an den Kanten fein gesäumt, gefältelt, gerafft, oder plissiert, am Dekolleté reich mit Borten, Biesen, Krausen, Bändern oder Stickereien verziert und erhielt dekorative Verschlüsse." Auch die heftige Kritik der Kirche, die darin den Sittenverfall erkannte, konnte die starke Körperbetonung nicht verhindern.[16]

2.2.2 Oberkleidung

2.2.2.1 Beinkleider

Als Beinkleider bezeichnet man im Mittelalter die von Männern getragenen Beinwickel und Beinlinge (mittelhochdeutsch: hose/ niderwât) und die, hauptsächlich von Frauen und Geistlichen verwendeten Strümpfe. Mit der Kürzung und stärkeren Körperbetonung der Mode des 12. und 13. Jahrhunderts traten bei Männern erstmals die Beine und damit auch die Beinkleider stärker in den Vordergrund. Die billigste und einfachste Variante des Beinkleides stellten dabei die sogenannten Beinwickel dar, die von den ländlichen Bewohnern bis ins 16. Jahrhundert getragen wurden. Dabei wurden lose Lappen, Binden oder Stoffstreifen um die Beine gewickelt und mit Schnüren oder Lederriemen am Knöchel und unterhalb des Knies befestigt. Als deutlich teurer und eleganter galten hingegen die in der Oberschicht getragenen Beinlinge. Sie werden schräg aus einem viereckigen Stück Stoff geschnitten und an der Hinterseite durch eine Naht geschlossen, dennoch bleiben sie lose Strümpfe.

Abbildung 4
Dargestellt ist ein Mann mit Beinlingen.
Besonders auffällig ist hier die Naht auf der Rückseite der Beinlinge, mit der sie geschlossen wurden.

---

[16] vgl. Praschl-Bichler: siehe oben; S.41-44

An die durch den schrägen Schnitt erzielten am oberen und unteren Ende überstehenden Stoffzipfel werden Stoffstreifen zur Befestigung genäht. Diese werden an der Oberseite des Beinlings entweder an den Bruchen-Gürtel geknüpft oder mit Nestelbändern am Wams befestigt, was zu einer starken Beeinträchtigung der Bewegungsfreiheit führt, da das sich nach vorne Beugen nicht mehr möglich ist. Um sich diese Bewegungsfreiheit zu verschaffen, konnte der mittelalterliche Mann entweder die Bänder der Beinlinge lösen, was das Herabrutschen dieser Kleidungsstücke zur Folge hatte oder er konnte aus den Ärmeln schlüpfen, was dazu führte, dass die Oberkleidung nach hinten rutschte. Trotz der geringen Praktikabilität bleiben Beinlinge während des gesamten Mittelalters sehr beliebt, was auch damit zusammenhängt, dass sie zusätzlich Gestaltungsfläche bieten.[17] Diese zusätzliche Fläche konnte beispielsweise nach dem, im 10. Jahrhundert entstandenen, Brauch des Mi-Parti gestaltet werden, was bedeutet, dass rechter und linker Beinling sich in Farbe und Form unterscheiden.[18] Weiterhin werden auch Strümpfe als Beinkleider verwendet. Hierfür wurde als Rohstoff hauptsächlich dehnbare Wollstoffe verwendet, denn gestrickte Wollstrümpfe waren aufgrund des hohen Materialverbrauchs für die ländliche Bevölkerung zu teuer. Sie wurden meist von Frauen als knielange Strümpfe unter dem Kleid getragen, aber auch im frühen Mittelalter von Männern unter der Tunika verwendet. Im Gegensatz dazu sind an dieser Stelle die Pontifikalstrümpfe hervorzuheben. Sie gelten insofern als Ausnahme, da sie ausschließlich von Geistlichen getragen wurden und die Prunklust der Kirche widerspiegeln. Sie gehören seit dem 6. Jahrhundert zum Messornat und wurden stets knielang unter dem Messgewand getragen.
Bis zum 12. Jahrhundert bestanden sie aus weißem Leinen, ab dem 13. Jahrhundert wurden sie aus farbiger Seide hergestellt, die mit Tiermotiven, Blumen und Strahlen gemustert wurden.[19]

2.2.2.2 Schichtenkleidung

2.2.2.2.1 Tunika und Cotte

Im frühen Mittelalter gilt die Tunika als „ Basis der Garderobe beider Geschlechter"[20], was dadurch zu begründen ist, dass sie über das Hemd getragen wird, also mehr als eine Unterkleidung ist, aber allein noch keine Oberkleidung darstellt. Bei Männern sowie bei Frauen besteht sie aus einem gerade geschnittenen, kragenlosen Kleid mit röhrenförmigen Ärmeln. Weiterhin wird sie von einem Gürtel an Hüfte oder Taille gehalten und am Saum zur besseren Beweglichkeit geschlitzt.

---

[17] vgl. Praschl-Bichler: siehe oben; S. 49-54
[18] vgl. Koch-Mertens: siehe oben; S.130
[19] vgl. Praschl-Bichler: siehe oben; S. 50f
[20] vgl. Praschl-Bichler: siehe oben; S. 25

Abbildung 5
Zu sehen sind die Heiligen Drei Könige,
sie werden mit den für das
Frühmittelalter typischen Tuniken
dargestellt, darüber tragen sie
Umhänge.

Durch den immer noch bestehenden römischen Einfluss wird sie von Männern knielang und von Frauen knöchel- bis bodenlang getragen, was zur Folge hat, dass bei Frauen Teile der Tunika mit Gürteln und Schnüren zurück- und hochgebunden werden, um bei der Arbeit nicht im Weg zu sein. Dennoch bietet auch die bodenlange Tunika ihre Vorteile: Sie wärmt und bedeckt die Beine und verhindert, dass Fliegen und Mücken unter den Saum gelangen. [21] Da die Prunkentfaltung im frühen Mittelalter noch nicht so weit ausgebildet ist wie im späten Mittelalter, tragen Herrscher lediglich „hochwertigere Versionen der zeitgenössischen Kleidung" [22], da kostbare Kleidung sowohl als Privileg als auch als Pflicht des Adels gesehen wird. Dies bedeutet, dass feinere Stoffe verwendet werden und Tunika und die darüber getragenen Schichten aufwendig verziert werden. [23] Weiterhin war es der Oberschicht erlaubt, farbenfrohe Kleidung zu tragen, während sich Bauern ab dem 12. Jahrhundert an zahlreiche Vorschriften zu halten hatten: beispielsweise durften sie nur naturfarbene, graue und blaue Oberkleidung tragen.[24]

Eine modischere und aufwendigere Alternative zur Tunika bietet die Cotte (mittelhochdeutsch: cotta). Dennoch erfüllt sie die gleiche Aufgabe wie eine Tunika, da auch sie mehr als nur eine Unterkleidung ist, allein aber noch nicht die Oberkleidung darstellt. Sie ist ein Schlupfkleid, das aus einem rechteckigen Vorder- und Rückteil besteht und Ärmel sowie einen tief geschlitzten, von einer Nadel geschlossenen Ausschnitt besitzt. Männer trugen sie oberschenkel- bis knöchellang, Frauen knöchel- bis bodenlang und stärker tailliert. Zunächst diente sie in ihrer Urform als ein vor Kälte schützendes Kleidungsstück, doch mit dem sich im Laufe der Zeit entwickelnden Modebewusstsein der Menschen wurde sie

---

[21] vgl. Praschl-Bichler: siehe oben; S.25-27
[22] Margaret Scott: Kleidung für die reichen und Berühmten; S. 14f
[23] vgl. Margaret Scott: siehe oben; S. 14f
[24] vgl. Praschl-Bichler: siehe oben; S. 29

zum Ausdrucksmittel des Standes. Aufgrund dessen richteten sich der weitere Schnitt sowie die Verzierungen nach dem Stand, dem zur Verfügung stehenden Geld und der jeweiligen Mode. So kann die Cotte mit Stoffkeilen erweitert und mit formgebenden Nähten versehen sein, sowie mit farblich kontrastierenden Stoffen und verschiedenen, dem jeweiligen Stand erlaubten Pelzen gefüttert sein. Trotzdem liegt sie auch als einfaches, funktionales Kleidungsstück vor.[25]

2.2.2.2.2 Bliaud, Surcot und Corset

Die französischen Bezeichnungen der folgenden Kleidungsstücke gehen auf den starken Einfluss der burgundischen Mode zurück. Surcot und Bliaud sind Kleidungsschichten, die über die Tunika beziehungsweise die Cotte getragen werden. Hierbei gilt allerdings, dass diese dritte Schicht der Kleidung aufgrund des hohen Stoffverbrauchs der Oberschicht vorbehalten war. Der Surcot wurde von Männern sowie Frauen getragen, während das Bliaud hingegen als Obergewand der Frauen anzuführen ist.[26] Dabei stellt das Bliaud die einfachere Form des Oberkleides dar: Es besteht aus einem bodenlangen Kleid mit Hängeärmeln, das entweder an der Seite und am Rücken geschnürt und am Rock durch Geren erweitert wurde, oder weit geschnitten war und an Taille oder Hüfte durch einen prunkvollen Gürtel gehalten wurde. Die bodenlangen Hängeärmel, deren Säume reich verziert wurden, machten das darunterliegende Untergewand sichtbar, genauso konnte der Saum des Obergewandes gekürzt werden, um ebenfalls den Saum und das Untergewand als gestaltete Fläche in den Vordergrund zu rücken.[27]

Abbildung 6
Dargestellt wird die Heilige Elisabet.
Sie trägt ein grünes Bliaud, das am Oberkörper eng anliegt und nach unten hin weiter wird. Am Knie ist das kontrastfarbige Unterkleid sichtbar, am Ärmel ist zu erkennen, dass das Kleid mit einem andersfarbigen Stoff unterlegt ist.

---

[25] vgl. Praschl-Bichler: siehe oben; S.29f
[26] vgl. Praschl-Bichler: siehe oben; S. 59f
[27] vgl. Koch-Mertens: siehe oben; S. 150f

Weiterhin ist als wesentlich aufwendigeres und exklusiveres Kleidungstück an dieser Stelle der im 13. Jahrhundert entstandene Surcot zu nennen, der, wie sein Name schon sagt, über eine Cotte getragen wird. Er besteht aus einem bodenlangen, ärmellosen und am Rock über Stoffkeile erweiterten Kleid, das über die Besonderheit verfügt, unter den Achseln weite Ausschnitte zu besitzen, die bis zur Hüfte reichen konnten. Sie wurden schließlich soweit verbreitert, dass lediglich Stoffstreifen in der Mitte des Körpers übrigblieben. Da diese - auch „Teufels- oder Höllenfenster" genannten - Ausschnitte das enge Unterkleid sowie die seitlichen Schnürungen der Cotte sichtbar machten und somit den Körper stark betonten, wurde der Surcot von der Kirche heftig kritisiert und das Tragen teilweise sogar verboten. Dies verhinderte aber nicht, dass der Surcot sich bis zum 15. Jahrhundert zu einem repräsentativen Kleidungsstück entwickelte, das von Fürsten und Aristokraten in der Öffentlichkeit getragen wurde. Aufgrund der Exklusivität des Surcot wurde er aus wertvollen Rohstoffen hergestellt.[28]

Abbildung 7:

Zu sehen ist eine Frau im Surcot mit engen, verzierten Hemd darunter.

Als nächste Schicht kann über den Surcot ein Corset getragen werden. Es stellt im Mittelalter ein mantelartiges und weit geschnittenes Oberkleid dar, das keine Gemeinsamkeiten mit dem Kleidungsstück in seiner heutigen Bedeutung aufweist. Es besaß Ärmel und wurde, geknüpft oder geschnürt, zunächst ausschließlich von Männern getragen. Weiterhin bestand es aus Wollstoff, Seide oder Samt und wurde passend zur Jahreszeit mit Seidenstreifen oder Pelz gefüttert. Bei Frauen löst es im Spätmittelalter das zuvor getragene Bliaud ab, und ersetzte es als Obergewand, wobei es in seiner Ausstattung in Bezug auf die Version des Mannes jedoch stark variiert: Eine Schleppe sowie weitere Schlitze wurden hinzugefügt, weiterhin konnte es auch ärmellos und mit Manschetten getragen werden. Anschließend wurde das Corset mit Besätzen versehen, mit

---

[28] vgl. Praschl-Bichler: siehe oben; S. 59-61

Seiden- und Pelzstickerei verziert und mit Pelzen beziehungsweise als Hofkleidung mit Feh verziert. [29]

2.2.2.2.3 Garde-Corps, Hérigaud und Garnatsch

Garde-Corps, Hérigaud und Garnoche (deutsch: Garnatsch) sind als überwurfartige Oberkleider des Hoch- sowie Spätmittelalters anzuführen. Sie werden über das Hemd, gegebenenfalls das Mieder, die Tunika beziehungsweise Cotte und den Surcot getragen, und stellen damit die, je nachdem was darunter getragen wurde, dritte, vierte oder sogar fünfte Schicht der Kleidung dar. Aufgrund des mit den vielen Kleiderschichten einhergehenden hohen Stoffverbrauchs und der daraus folgenden hohen Kosten werden sie ausschließlich von den geistlichen und weltlichen Würdenträgern der Gesellschaft getragen. Unter dem Garde-Corps versteht man ab dem 13. Jahrhundert eine Art Reisemantel mit Kapuze. Er besteht aus zwei rechteckigen, zusammengenähten Stoffstücken und wird im unteren Teil durch Geren erweitert, weiterhin wird er mit langen, weiten Ärmeln getragen. Der Garde-Corps wird aus Wollstoff oder Scharlach gefertigt und kann mit kontrastfarbigen Stoffen gefüttert und mit Pelz verbrämt sein. Zum Reiten wird er vorne und hinten mit Schlitzen versehen. Zu den weitaus weniger zweckmäßigen Alternativen zählt das Hérigaud. Im 14. Jahrhundert bezeichnet der Name ein Oberkleid, das aus zwei pelzgefütterten Stoffbahnen besteht, die an ein zu einem Kreis zusammengefügtes Band genäht werden. Hierbei wird das Band so über den Kopf gezogen und auf die Schultern gelegt, dass die beiden Stoffbahnen vorne und hinten am Körper lose herabhängen. Da das Gewand auf diese Art und Weise keinerlei Kälteschutz bietet und nur durch sein Aussehen wirkt, wird es nur von den Reichsten und Mächtigsten getragen.

Abbildung 8
Dargestellt ist eine Heilige,
die ein goldenes Hérigaud
über ihr rotes Oberkleid trägt.

Zuletzt ist noch das Garnatsch als Oberkleid für Männer höherer Schichten zu nennen. Seit dem 14. Jahrhundert stellt es ein langes, überwurfartiges Oberkleid mit Kapuze dar, das sowohl ohne Ärmel als auch mit halbkreis- oder

---

[29] vgl. Praschl-Bichler: siehe oben; S. 61

glockenförmigen Ärmeln getragen wurde. Zur Verzierung wurde es mit Pelz gefüttert und an der Brust geschlitzt.[30]

2.2.3 Überkleidung

2.2.3.1 Mäntel und Umhänge

2.2.3.1.1 alltägliche Mäntel und Umhänge

Während der gesamten Zeitspanne des Mittelalters werden alltägliche Mäntel und Umhänge aufgrund ihres funktionalen und ästhetischen Charakters geschätzt und getragen. Sie dienen als Kälte- und Nässeschutz des Trägers und schützen die Oberkleidung vor Schmutz, weiterhin sind sie ein Mittel der mittelalterlichen Selbstdarstellung, also der Zurschaustellung von Macht und Reichtum durch Kleidung und damit eine Ausdrucksform des Standes. Aufgrund ihrer Schutzfunktion werden sie meist aus schweren, gewalkten Materialien hergestellt und anschließend mit farblich kontrastierenden oder andersartigen Stoffen und Tuchen unterlegt. Weiterhin können sie in der Oberschicht pelzgefüttert oder verbrämt sein. Bei Männern wird der alltägliche Umhang oder Mantel knie- bis knöchellang getragen, bei Frauen werden sie meist länger gefertigt. Als alltägliche Mäntel und Umhänge sind unter anderem die Capa und die deutsche Tappert aufzuführen. Die Capa stellt im Mittelalter einen Reisemantel und Allwetterumhang dar. Sie ist kreisförmig geschnitten und wird mit Kapuze und geschlitzten Halbärmeln oder ärmellos getragen. Weiterhin ist der capeartige Überwurf vorne geöffnet und wird ab dem 15. Jahrhundert mit einem Kragen ausgestattet, der die Capa am Ausschnitt schließt und mit andersfarbigen Stoffen oder Pelzen gestaltet ist. Je nach dem gesellschaftlichen Stand des Trägers wird sie aus Wolltuch oder Samt beziehungsweise Seide hergestellt und kann auf unterschiedliche Art und Weise gestaltet sein. Beispielsweise kann die Capa mit bunten Bändern verziert sowie mit andersartigen Stoffen versehen, als auch pelzgefüttert sein.[31] Als weiteres Beispiel eines alltäglichen Mantels oder Umhangs kann die deutsche Tappert angeführt werden. Sie ist in vielen verschiedenen regionalen Ausprägungsformen bekannt. So wird sie von Männern knie- bis knöchellang getragen, kann aber auch in einer längeren, aber dann bis zum Gürtel geschlitzten Form vorliegen. Weiterhin kann sie vorne sowohl offen als auch zugeknöpft getragen werden, sowohl in der ärmellosen Form vorliegen als auch mit weiten und langen, längs geschlitzten Ärmeln versehen sein. Bei Frauen wird eine, der Schleppe ähnelnde Verlängerung angefügt, außerdem besitzt die deutsche Tappert bei Frauen meist Ärmel, zumindest aber ein Verschlusssystem, um Ärmel anzunesteln, weiterhin wird bei Frauen die Taille durch einen Gürtel betont. Dabei ist an dieser Stelle hervorzuheben, dass die deutsche Tappert um ein Vielfaches mehr verziert wurde als die Capa. Zum Beispiel wurden die Säume

---

[30] vgl. Praschl-Bichler: siehe oben; S. 62f
[31] vgl. Praschl-Bichler: siehe oben; S.70-74

mit Pelz verbrämt, die Ärmel mit Zaddeln gestaltet und der Mantel mit Kaninchenfell gefüttert. Außerdem wurde die Tappert bei Herolden mit dem Wappen des Landes- oder Lehnsherren verziert.[32]

2.2.3.1.2 repräsentative Mäntel und Umhänge

Als repräsentative Mäntel und Umhänge werden im Mittelalter diejenigen bezeichnet, die bei kirchlichen und höfischen Anlässen getragen wurden. Sie besitzen insoweit symbolischen Charakter, als die schützende Funktion des Mantels oder Umhangs auf eine, von der Außenwelt abschirmende, die geistige Versenkung begünstigende Funktion übertragen wird. Sie wurden ausschließlich halbkreisförmig geschnitten, da sie nicht an die im Alltag nötige Funktionalität gebunden waren und aufgrund der geringen Bewegungsfreiheit wegen der großen Stoffmasse und des mangelnden Kälteschutzes infolge der vorne offenen Halbkreisform äußerst unpraktisch waren. Als liturgischer Mantel ist zunächst die Kasel (mittelhochdeutsch: kâsel) aufzuführen. Sie entwickelte sich von einem ehemals kreisförmigen Mantel im 13. Jahrhundert zu einer Glockenkasel und schließlich zu einem liturgisch verwendeten Halbkreismantel. Im 11. und 12. Jahrhundert wurde sie zunächst aus Seide gefertigt und später, ab dem 13. Jahrhundert aus Brokat, Damast oder taftunterlegter Seide hergestellt. Weiterhin wurde die Kasel mit Zierbesätzen, bunter Seide und Goldfäden verziert. Ein Beispiel ist hierfür der Krönungsmantel der Kaiser des Heiligen Römischen Reiches deutscher Nation, da die Krönung eine liturgische Handlung darstellt. Er ist aus rotem mit rosa Leinenstoff hinterlegtem Samt gefertigt, mit Edelsteinen und Perlen versehen und mit Seiden- und Goldfäden besetzt. In der Mitte ist ein Lebensbaum dargestellt und auf der rechten sowie der linken Seite sieht man einen Löwen ein Kamel besiegen.[33]

Abbildung 9:
Der Krönungsmantel des Kaisers des Heiligen Römischen Reichs deutsche Nation

2.2.3.2 Kopfbedeckungen und Frisuren

„Wallend und blond ist das Haar der Franken", so beschreibt Sidonius Apollinaris das Idealbild der Haare der Franken im frühen Mittelalter, als die Haare von Männern lang und gelockt beziehungsweise an der Seite zusammengebunden getragen werden. Ab dem 9. Jahrhundert hingegen werden die Haare gekürzt, nun frisiert man sie zu einem gelockten Haarkranz, außerdem gelten Bärte

---

[32] vgl. Praschl-Bichler: siehe oben; S. 75-77
[33] vgl. Praschl-Bichler: siehe oben; S. 80-82

generell als Kennzeichen älterer Männer.[34] Abgesehen davon empfiehlt das Epos Roudlieb: „Trau keinem Rotschopf, denn das sind schlechte und jähzornige Menschen", was belegt, dass eine Abneigung gegen die Haarfarbe Rot bestand, denn idealerweise waren die Haare, wie im oberen Zitat erwähnt, blond. Auch graue oder weiße Haare wurden nicht gern gesehen. Um dem abzuhelfen, wurden von Barbieren und Badern Rezepte zur Blondierung sowie gegen Haarausfall erdacht, wie beispielsweise zerkochte Bienen vermischt mit Bärenfett, deren Wirksamkeit eher zu bezweifeln ist. Dennoch konnte bei mangelnder Haarpracht mit Perücken und Haarteilen nachgeholfen werden. Weiterhin wurden die Haare seit der Erfindung der Brennschere Ende des 11. Jahrhunderts künstlich gelockt.[35] Bei Frauen werden die Haare im Mittelalter offen sowie geflochten getragen oder mit Schleifen und Haarnadeln festgesteckt. Der Kopf wird außerdem meist mit einem Schapel geschmückt, einem mit Goldfäden, Bändern und Schmucksteinen versehenen Metallreif. Dieser wird im „Nibelungenlied" bei Frau Gotlind und ihrer Tochter folgendermaßen beschrieben: „Auf ihrem Kopf trugen sie leuchtende, goldfarbene Bänder [...]"[36] Dies trifft allerdings nur auf unverheiratete Frauen und Kinder zu, da verheiratete Frauen verpflichtet waren, ein Gebende (Gebände) zu tragen, um ihre Haare zu verhüllen, da sie sonst ihre Ehre verlieren würden. Das Gebände entwickelte sich im 12. Jahrhundert und bestand aus einer Stirn- und einer Wangenbinde, die den Kopf bedecken sowie das Gesicht umrahmen. Das Ganze wird schließlich mit Haarnadeln befestigt, weiterhin können ein Schapel, ein Band, ein Stirnreif oder eine Krone auf das Gebende gesetzt werden.

Abbildung 10:
Dargestellt ist eine Frau mit rüschenverziertem Gebende

Ab dem 13. Jahrhundert entwickelte sich das Gebende weiter und wurde aufwendiger und ausladender verziert, beispielsweise durch Bortenbesätze, Fransen und Bänder.[37] Dennoch trugen auch Männer Kopfbedeckungen. Das beliebteste und modischste Modell stellt hier die Gugel dar. Sie bezeichnet eine kapuzenartige Mütze mit sehr langem Zipfel an der Hinterseite, die in verschiedenen Ausprägungen vorliegen konnte.[38] Weiterhin ist eine schier

---

[34] vgl. Koch-Mertens: siehe oben; S.133
[35] vgl. Koch-Mertens: siehe oben; S.147
[36] vgl. Koch-Mertens: siehe oben; S.151
[37] vgl. Praschl-Bichler: siehe oben; S.136-139
[38] vgl. Praschl-Bichler: siehe oben; S. 147

unendliche Bandbreite an Kopfbedeckungen, Frisuren und Kopfschmuck bekannt, die der mittelalterlichen Selbstdarstellung dient, die aber aufgrund ihrer fehlenden Funktionalität für die ländliche Bevölkerung nicht relevant und zudem unerschwinglich war. Die ländlichen Bewohner tragen während der gesamten Zeitspanne des Mittelalters ihre Haare kurz und ungepflegt und verwenden ausschließlich Kopfbedeckungen, die dem Kälte- und Nässeschutz dienen, wie beispielsweise Filzkappen.[39]

3 Allgemeine Entwicklung der Mode im Mittelalter

Als allgemeine Entwicklungen der mittelalterlichen Mode lassen sich verschiedene Trends zusammenfassen: Die Entwicklung von der lose drapierten und weiten Mode des frühen Mittelalters zur engen, körperbetonten Mode des Hochmittelalters, die Entwicklung einer immer stärkeren Abhebung der Reichen und Mächtigen von der übrigen Gesellschaft und die Entwicklung von einer zweckgebundenen Alltagskleidung bis hin zu einer der Selbstdarstellung dienenden Mode. Dies zeigt, dass die Mode nichts Statisches ist, sondern sich der Zeit, den Umständen, der Gesellschaft, der Landschaft und den örtlichen Gegebenheiten anpasst, um ihre Aufgabe als Ausdrucksmittel des Individuums zu erfüllen. Das hat zur Folge, dass zunächst die Zeit, die Umstände und die Gesellschaft betrachtet werden müssen, um zu verstehen, warum ein Individuum diese Kleidung trägt und was es dadurch ausdrücken möchte. Somit kann auch erklärt werden, warum heute auf Klischees zurückgegriffen wird: Weil nicht sofort verstanden wird, was hinter der Mode stand, warum sie getragen wurde und was sie ausdrücken sollte.

[39] vgl. Praschl-Bichler: siehe oben; S.157

4 Anhang

4.1 Abbildungsverzeichnis

- Abbildung 1: Praschl-Bichler, Gabriele: Affenhaube, Schellentracht und Wendeschuh, München: Herbig Verlag 2011, Seite 185
- Abbildung 2: Praschl-Bichler: siehe oben, Seite 37
- Abbildung 3: Praschl-Bichler: siehe oben, Seite 43
- Abbildung 4: Praschl-Bichler. siehe oben, Seite 52
- Abbildung 5: Koch-Mertens, Wiebke: Der Mensch und seine Kleider. Teil1: Die Kulturgeschichte der Mode bis 1900, Düsseldorf/ Zürich : Artemis & Winkler Verlag 2000, Seite 144
- Abbildung 6: Praschl-Bichler: siehe oben, Seite 176
- Abbildung 7: Rozmiarek, Michal: MODE IM MITTELALTER.{Thematische Webseite rund um mittelalterliche Mode},
  http://www.google.de/imgres?client=firefox-a&hs=AXE&sa=X&rls=org.mozilla:de:official&channel=np&biw=1366&bih=685&tbm=isch&tbnid=FSCGbQwQfYfj2M:&imgrefurl=http://mode-im-mittelalter.de/kleidungsstucke&docid=7QlY-wRECXS5wM&imgurl=http://mode-im-mittelalter.de/data/uploads/surcot-frau.jpg&w=311&h=448&ei=UbB_UonHKZHTsgb2tIDIDg&zoom=1&iact=hc&vpx=202&vpy=310&dur=666&hovh=216&hovw=149&tx=131&ty=129&page=1&tbnh=152&tbnw=105&start=0&ndsp=44&ved=1t:429,r:12,s:0,i:118
  Stand: 09.11.2013
- Abbildung 8: Praschl-Bichler: siehe oben, Seite 63
- Abbildung 9: Praschl-Bichler: siehe oben, Seite 82
- Abbildung 10: Biernat, Gunther E.: Tempus vivit!,
  http://www.google.de/imgres?client=firefox-a&rls=org.mozilla:de:official&channel=np&biw=1366&bih=685&tbm=isch&tbnid=8EPWqknJusPU4M:&imgrefurl=http://www.tempus-vivit.net/bibliothek/buch/gebende&docid=48cSabdyifPOLM&imgurl=http://www.tempus-vivit.net/bild/874&w=250&h=252&ei=U7F_UsOuKoHRtQbRl4C4Ag&zoom=1&iact=hc&vpx=107&vpy=333&dur=1222&hovh=201&hovw=200&tx=117&ty=122&page=3&tbnh=149&tbnw=138&start=84&ndsp=50&ved=1t:429,r:85,s:0,i:343
  Stand:09.11.2013

4.2 Literaturverzeichnis

- Hottenroth, Friedrich: Bilder aus dem Handbuch der Deutschen Tracht. Gewänder und Zugehöriges von den Germanen bis zum Ende des 19. Jahrhundert, Hannover: Th. Schäfer 1985
- Keupp, Jan: Mode im Mittelalter, Darmstadt: Primus Verlag 2011

- Koch-Mertens, Wiebke: Der Mensch und seine Kleider. Teil1: Die Kulturgeschichte der Mode bis 1900, Düsseldorf/ Zürich : Artemis & Winkler Verlag 2000
- Praschl-Bichler, Gabriele: Affenhaube, Schellentracht und Wendeschuh, München: Herbig Verlag 2011
- Scott, Margaret: Kleidung und Mode im Mittelalter, Darmstadt: WBG 2009